CONSIDÉRATIONS D'INTÉRÊT PUBLIC SUR LE DROIT D'EXPLOITER LES MINES EN FRANCE.

Par M. COURNOL, Avocat aux Conſeils.

« *Rarâ temporum felicitate, ubi ſentire quæ velis, & quæ ſentias dicere licet.* ».

Tacit. Hiſtor. Lib. I.

A PARIS,
De l'Imprimerie de DEMONVILLE, Imprimeur-Libraire de l'Académie Françoiſe, rue Chriſtine.

M. DCC. XC.

CONSIDÉRATIONS D'INTÉRÊT PUBLIC SUR LE DROIT D'EXPLOITER LES MINES EN FRANCE.

LES mines forment aujourd'hui une des principales richeſſes de la nation ; on ne peut ſe diſſimuler que la jouiſſance de ces tréſors que la nature prépare loin de nos yeux, ne ſoit due aux travaux & à la ſurveillance des compagnies à qui nos rois en ont concédé l'exploitation.

On les attaque cependant ; on voudroit les dépouiller. Sont-ce de vrais amis du bien public qui propoſent à nos repréſentans de détruire leur titre ?

D'autre part, les compagnies de conceſſionnaires qui ſe défendent ont-elles en leur faveur tout ce qui peut aſſurer la durée de leur conceſſion?

Que veulent les auteurs du projet ?

Que le droit d'exploiter les mines ſoit accordé aux propriétaires de la ſuperficie des terreins.

Eſt-ce une reſtitution ? eſt-ce un pur don qu'on propose de leur faire ? est-ce enfin pour encourager les agriculteurs ?

Une restitution ? Cela donneroit lieu à examiner si jamais, dans l'ordre social, les propriétaires de la superficie l'ont été des mines qui sont cachées dans les profondeurs de la terre ; & si, même dans le cas de l'affirmative, l'intérêt de l'état n'auroit pas dû établir un autre ordre de choses & ne devrait pas le soutenir encore. . .

Un pur don ? Cela donneroit lieu à peser bien scrupuleusement si les circonstances auxquelles la nation obéit dans ce moment, lui permettent ce sacrifice ; si ce mode de choses, indépendamment des circonstances, lui seroit plus utile que l'exploitation des mines par les compagnies concessionnaires : car c'est l'intérêt public qui doit diriger toutes les opérations de la nation.

Le but est-il d'encourager les agriculteurs ?

Cela donneroit lieu à considérer si c'est encourager les agriculteurs, que de les arracher à la culture des terres.

Que demandent les compagnies ?

L'exécution de leur contrat, contrat qu'elles regardent comme inviolable, puisqu'il est revêtu de toutes ses formes, & que les contractans avoient le pouvoir de se lier.

Elles se fondent sur une législation aussi ancienne que la monarchie.

Le nombre de ces lois & leur vétusté sont ils des titres suffisans pour les faire respecter ? Un arbre antique ne doit pas être l'objet de notre vénération, s'il couvre d'une ombre empoisonnée le sol qui l'a nourri. Ainsi, la féodalité a disparu, malgré les ſiecles qui l'avoient défendue juſqu'à préſent.

Mais les compagnies doivent conſerver leur droit, ſi la nation eſt propriétaire des richeſſes que la nature n'a pas placées ſur la ſuperficie de la terre, & ſi l'exploitation des mines par les compagnies eſt la plus avantageuſe à l'état.

Les différens objets qui vont m'occuper dans cet écrit ſont indiqués. Je ſerai impartial, parce que j'aime la vérité; c'eſt un beſoin de mon eſprit de la chercher, c'eſt la plus pure jouiſſance de mon ame de la découvrir: tant je ſuis convaincu que toutes les inſtitutions ſeroient bonnes, ſi les vérités qui doivent les rendre telles étoient bien connues. L'intérêt particulier même ſollicite auſſi puiſſamment le triomphe de la vérité; car une inſtitution ne ſauroit être bonne ſans faire le bien de tous. Il ne reſteroit à combattre que l'amour-propre de ceux qui propoſent un projet, après avoir goûté le plaiſir de le croire utile. C'eſt l'ennemi le plus obſtiné, on le déſarme ſans le vaincre. Au ſurplus, c'eſt un devoir de l'éclairer.

Je commence.

Les propriétaires de la ſuperficie d'un terrein le ſont ils des richeſſes minérales qu'il renferme?

Cette queſtion ſemble dépendre de celle-ci: les ont-ils acquiſes en acquérant le terrein?

Si l'on eſt forcé de convenir que nul contrat d'acquiſition de terrein ne porte cette ſtipulation, il doit paroître que la premiere queſtion dont je cherche la ſolution eſt décidée; il doit paroître décidé que les richeſſes minérales n'appartiennent point aux propriétaires du terrein où la nature les prépare.

Mais il faut remonter plus haut. Ce droit peut exister, & tirer son origine d'une source plus reculée & non moins respectable aux yeux d'une assemblée qui veut rétablir l'homme dans tous les droits de la nature combinée avec l'esprit social.

Dans le principe, la terre & tout ce qu'elle avoit de richesses appartenoit à l'homme. Avant la formation des sociétés, le premier occupant d'un terrein qu'il affectionnoit ne connoissoit point & ne devoit point connoître la différence que nous avons établie entre les produits de la superficie & les trésors du sein de la terre. Si la superficie n'eût pas été couverte des fruits nécessaires à ses besoins, si ses besoins lui eussent commandé la fouille des minéraux qu'elle renferme, il auroit pu la faire, parce que nulle loi politique, nulle loi civile ne bornoit alors l'exercice de ses volontés.

Mais quand il éprouva le besoin de posséder sans inquiétude un champ devenu fertile par ses travaux, il fut obligé, pour repousser les entreprises de son semblable, de composer, par la réunion des forces, un pouvoir qui rejetât loin de lui les usurpations, ou qui le rétablît dans ses droits. Alors on vit naître les sociétés, alors on vit naître les lois. L'indivision cessa; chaque individu eut des propriétés particulieres, & elles furent mises sous la protection de la force publique.

Le gouvernement eut aussi ses propriétés, parmi lesquelles on dut sur-tout remarquer celles que chaque citoyen isolé ne pouvoit pas faire valoir, & les tributs qui furent un sacrifice ſpontané, mais néceſſaire, d'une partie de ſon revenu, pour conſerver l'autre.

Un des premiers avantages de la formation des ſociétés fut la propagation de l'eſpece. Bientôt une population nombreuſe développa des idées nouvelles; l'induſtrie, fille des beſoins, fit naître le commerce : fait d'abord par échange de denrées, ſes progrès firent imaginer des ſignes repréſentatifs des denrées.

On dut choiſir & l'on choiſit ſans doute ceux qui avoient la plus grande valeur poſſible avec le moindre volume poſſible, & parmi ceux-ci, celui qui réuniſſoit la ſolidité à ces qualités eſſentielles, c'eſt-à-dire, le cuivre, l'argent, & ſur-tout l'or.

Dans l'origine, ces métaux ne pouvoient être conſidérés que comme ſimple marchandiſe : mais bientôt ils porterent le ſceau du gouvernement, & ils devinrent monnoie.

A qui appartenoient ces métaux, ainſi que toutes les autres matieres minérales renfermées bien avant dans les entrailles de la terre? à qui appartenoit le droit de les fouiller & de les exploiter?

Nous voilà revenus à notre queſtion, à *partir* de l'époque où ces métaux furent pour la premiere fois employés à des uſages d'utilité publique. Et c'eſt préciſement à cette époque primitive qu'il faut ſe reporter pour juger le droit de les exploiter.

Appartenoit-il à chaque propriétaire des champs où ſe trouvoit la mine?

Si nous conſultons l'hiſtoire de toutes les nations, nous voyons que jamais les propriétaires de la ſuperficie d'un terrein ne l'ont été des mines qu'il renfermoit.

Athenes considera toujours les mines comme une propriété de la république.

Avant elle, les rois de Macédoine tiroient leur principal revenu des mines.

Les romains, après eux, les regarderent comme le patrimoine du gouvernement, & en faisoient des concessions à des chevaliers ou à d'autres particuliers qui les faisoient exploiter.

De tout temps, l'Angleterre a fait exploiter les siennes par des compagnies qu'elle a cru qu'il étoit d'une bonne politique d'encourager par une protection toujours soutenue, toujours bien éclairée.

En Allemagne, la bulle d'or regle l'exercice du droit d'exploiter les mines, en faveur des seigneurs immédiats de l'Empire, qui sont autant de souverains dont l'empereur n'est que le chef. C'est donc une loi constitutionnelle de cette nation, que les mines sont une propriété inhérente à la souveraineté.

En France, ce droit de souverain est aussi ancien que la monarchie ; depuis le 7e siècle jusqu'à nos jours, il est attesté par une législation constante & uniforme.

Quand toutes les nations ont établi le même principe, ne doit-on pas le considérer comme constitutionnel, comme une loi fondée sur le droit naturel & politique ?

Cela peut être ; mais il faut encore le citer au tribunal de la raison & de la liberté, puisque c'est à ce tribunal que nos représentans citent tous les droits de l'homme en société.

Si la nature a placé les mines, & sur-tout celles des métaux précieux, telles que celles d'or & d'argent, bien avant dans la terre; si elle les a environnées d'une foule d'obstacles, tels qu'un particulier soit dans l'impossibilité physique de les vaincre, même en épuisant sa fortune, il sera démontré que la raison de l'intérêt public aura dicté le principe qui veut que les mines appartiennent au souverain.

Or cette preuve sera faite, & déjà même on peut avancer qu'elle est dans l'esprit de tous ceux qui connoissent l'exploitation des mines.

J'y reviendrai cependant.

Quant à présent, considérant cette preuve comme faite, voici les conséquences que je crois être en droit d'en tirer.

L'impossibilité où dut être chaque propriétaire d'un champ d'exploiter la mine qu'il renfermoit, est une des premieres causes qui placerent ce droit parmi les propriétés du gouvernement.

Le gouvernement en devint aussi propriétaire, parce qu'il avoit la souveraineté de tout le domaine confié à sa protection; & qu'il est de principe fondé sur la raison, qu'il faut que ce qui ne peut appartenir à chaque citoyen appartienne à tous, & soit par conséquent déposé entre les mains du gouvernement & dirigé par son administration.

Et voilà pourquoi nul contrat de vente d'un terrein ne fait mention des mines qu'il peut renfermer.

Voilà pourquoi une terre qui couvre une mine, ne se vend pas davantage à cause de cette circonstance.

Voilà pourquoi une terre dans laquelle se trouve une mine, ne supporte pas plus d'impôts qu'une autre terre de la même ſuperficie & de la même qualité, qui ne contient point de minéraux.

Voilà pourquoi, quand on exploite une mine, le gouvernement n'impoſe pas des tributs ſur cette exploitation; s'il a eu le droit de l'impoſer, il a ſenti qu'en l'exerçant, il nuiroit à l'exploitation des mines ; en conſéquence il a cru devoir en faire la remiſe, & s'eſt vu payé largement de cette eſpece de ſacrifice commandé par l'intérêt public.

S'il eſt démontré que le droit d'exploiter les mines eſt un droit de ſouveraineté, il doit demeurer pour conſtant que, parmi nous, le ſouverain a eu le pouvoir d'en faire des conceſſions à différentes compagnies.

Pluſieurs de ces compagnies prétendent qu'une conceſſion eſt une propriété auſſi inviolable que toutes les autres.

Et moi, je dis que puiſque c'eſt un droit de ſouverain, il n'a pu être aliéné ; que s'il n'a pu être aliéné, il ne peut devenir une propriété dans la main des conceſſionaires, qui ne peuvent réclamer que l'exécution de leurs titres de conceſſion.

Je dirai plus ; s'il eſt vrai aux yeux de la juſtice la plus ſévère, qu'un conceſſionnaire a le droit de compter ſur l'exécution de ſon titre de conceſſion, le ſouverain ou la nation ne perd pas celui de tourner ſes vues vers une adminiſtration plus utile à l'intérêt public : & voilà pourquoi le commerce au delà du Cap de Bonne-Eſpérance, qui étoit livré à une compagnie, vient, malgré le titre de cette compagnie, d'être déclaré libre par un décret de l'Aſſemblée nationale, qui a penſé, ou que la liberté qu'elle avoit fait revivre ne devoit point trouver d'entraves ſur les

mers

mers, ou que le commerce de l'Inde étant nuisible à la France, il falloit l'enlever à une compagnie qui le faisoit d'une maniere plus utile pour elle, que pour la nation.

Dès-lors & sans craindre la preuve du contraire, si la nation trouvoit une maniere plus utile pour elle de faire l'exploitation des mines, qu'en la laissant aux concessionnaires, elle le pourroit en indemnisant les compagnies à qui elle l'a cédée.

Voyons donc quel parti elle auroit à prendre, si elle rompoit son contrat avec les concessionnaires.

Je ne découvre que deux manieres nouvelles, ou donner à chaque propriétaire le droit de les exploiter sur son terrein.

Ou faire l'exploitation pour son compte.

Le premier parti m'a paru impolitique sous deux points de vue, & même impraticable.

1°. La nation abandonneroit un droit précieux, sans en tirer aucun avantage.

2°. Elle perdroit tout l'avantage qu'elle en tire par le moyen des compagnies à qui elle l'a cédé.

Je dis en premier lieu qu'elle céderoit un droit précieux, sans en tirer aucun avantage, & je n'aurois pas même besoin d'aller si loin : il suffiroit en effet de prouver que cette nouvelle maniere ne lui seroit pas plus avantageuse que l'ancienne, pour qu'il fût démontré que celle-ci doit subsister : Car, toutes choses égales d'ailleurs, les compagnies concessionnaires doivent être préférées, puisqu'elles ont un titre & qu'il n'est pas d'une bonne politique, ni conforme à la justice, qu'un contrat fait avec la nation soit rompu

577.

ſans néceſſité , ſans la certitude phyſique d'une utilité générale.

Mais enfin j'ai promis de prouver qu'en abandonnant ce droit aux propriétaires des terreins, la nation n'y trouveroit aucun avantage.

La nation ne pourroit s'en promettre que de deux manieres.

1°. Par un tribut qu'elle imposeroit ſur chaque propriétaire de la ſuperficie.

2°. Par la certitude d'une exploitation plus économique, & qui produiroit des extractions plus conſidérables de minéraux.

Mais ces deux avantages chimériques diſporaîtront, s'il eſt démontré qu'il eſt impoſſible que l'exploitation des mines ſoit faite par des particuliers.

Car, 1°. ſi les particuliers propriétaires de la ſuperficie ne peuvent exploiter, on ne peut pas exiger un tribut; ils ne le paieroient pas.

2°. S'ils rencontrent même des obſtacles que les compagnies ne ſurmontent qu'avec de grands ſacrifices & en réuniſſant de grands moyens, ſi ces obſtacles demandent encore plus defforts de la part des particuliers, on ſent que l'exploitation ſera loin d'être plus économique, & leur produit plus conſidérable.

Or ces deux points de fait ſe réduiſent à un ſeul, à l'impoſſibilité phyſique où les propriétaires ſeroient d'exploiter les mines.

Et déjà c'eſt avoir bien avancé la preuve de cette impoſſibilité, que d'avoir pour moi le point de fait avéré, que dans aucune nation l'exploitation des mines n'a été livrée à la pénurie des moyens des propriétaires.

Ensuite, comment un ſimple particulier pourra-t- il faire dans ſon champ la fouille de la petite veine de minéral qui s'y trouve?

Comment oſera t-il entreprendre d'y faire un puits de 1000 pieds, quelquefois de 1200, dans l'incertitude qu'il y ait une veine quelconque de minéral?

Et ſuppoſons qu'il ſe trouve un propriétaire aſſez téméraire pour oſer ſacrifier le produit aſſuré de la ſuperficie de ſon terrein, pour courir après une veine de minéral qui ſe montre un inſtant, pour fuir enſuite comme une ombre:

S'il arrive que ſes tentatives lui découvrent une bonne veine, il faudra qu'il l'abandonne auſſi-tôt qu'il aura pouſſé ſa fouille juſqu'aux confins de ſon champ. Mais le peu de minéral qu'il trouvera le dédommagera-t-il des dépenſes qu'il aura déjà faites?

Et remarquez à combien d'obſtacles invincibles il faut qu'il s'attende. Il a trouvé une veine; il la ſuit en creuſant: il croit extraire le minéral, & il évente une ſource d'eau qui inonde tous ſes travaux, & qui fait diſparoître toutes ſes eſpérances. Veut-il étancher cette ſource d'eau? C'eſt alors qu'il ſent plus que jamais l'inſuffiſance de ſes facultés.

Remarquez encore que chaque propriétaire qui fouilleroit, ſeroit obligé de faire lui ſeul, pour une très-petite exploitation, à peu de choſes près, autant de dépenſes qu'une compagnie qui fouille un vaſte terrein, un terrein

579

qui n'a de bornes que la cessation de la veine qu'elle a découverte.

Et quand ces dépenses seroient infiniment inférieures à celles d'une compagnie, voyez combien aussi ses produits seront inférieurs à ceux de la compagnie, combien ses procédés seront moins sûrs. Quand la compagnie a poursuivi sans succès sur une grande étendue de terrein, une veine qui la fuit constamment, elle est dédommagée de ses avances par une autre veine qu'elle découvre; car, encore une fois, elle n'est restreinte par aucunes bornes dans le terrein qu'elle peut fouiller.

Et voyez encore, tant les preuves de cette impossibilité que je démontre, se multiplient sous ma plume, voyez combien vous aurez de propriétaires qui voudront s'exposer à une opération souvent si trompeuse, combien en auront les moyens, combien en auront la folle témérité.

Je passe sous silence une foule d'autres preuves de cette impossibilité : mais je ne puis ne pas parler de celle qui résulte de l'indemnité qui seroit due aux concessionnaires qu'on auroit dépossédés.

Cette indemnité leur sera payée, ou par la nation, ou par les propriétaires de la superficie.

Le sera-t-elle par la nation ? Par la nation ! mais ou elle la paieroit pour le profit des propriétaires, sans en rien retirer, ou elle la paieroit & s'en feroit rembourser par un impôt sur les propriétaires.

Si elle prenoit le premier parti, considérez dans quel temps on ose proposer de changer l'ordre de choses qui subsiste, dans quel temps on lui propose de faire ces nouveaux sacrifices! Dans un temps où la situation des finances commande les plus grandes économies, dans un temps où toutes les ressources peuvent à peine suffire aux besoins les plus urgens. C'est dans ces momens calamiteux qu'on lui proposeroit d'indemniser les compagnies concessionnaires des mines, gratuitement, & pour le profit des propriétaires!

On ignore sans doute à quelle hauteur s'éleveroit l'indemnité due aux compagnies. Il existe plus de quarante compagnies, & il y en a plusieurs qui ne seroient pas indemnisées chacune par quatre, cinq & six millions.

Ensuite si la nation la paye pour s'en faire rembourser par des tributs, elle foule les propriétaires par un impôt dont elle n'avoit jamais cru pouvoir charger les compagnies qui réunissoient cependant plus de facultés que les particuliers.

Cette indemnité sera-t-elle donc payée par les propriétaires? Mais puisqu'il est démontré que sans ce surcroît énorme d'avances, il est impossible aux particuliers d'exploiter les mines, comment les exploiteront-ils lorsqu'il faudra qu'avant de rien entreprendre, ils soient obligés d'épuiser la moitié & peut-être la totalité de leurs fortunes?

D'ailleurs examinez par quels procédés vous ferez régler la part pour laquelle chaque propriétaire contribuera à former cette masse énorme d'indemnités.

Se fixera-t-elle à raison de la surface du terrein de chacun?

Cela paroît juste au premier abord, & cependant cela peut être d'une souveraine injustice; car dans un champ très-vaste il n'y a très-souvent qu'un petit filon d'une mo-

581

dique valeur; quelquefois il n'y a qu'une veine trompeuse.

Sera-ce donc suivant l'étendue du filon? Mais on sent que si le filon est modique dans un champ, si même il est considérable, mais que le propriétaire n'ait pas le moyen ou le désir d'exploiter, ce propriétaire ne voudra pas contribuer à l'indemnité, & on ne pourra pas l'y contraindre, parce qu'il déclarera qu'il ne veut pas exploiter; & on ne pourra pas le forcer d'exploiter, parce que chaque propriétaire doit être libre d'user ou de ne pas user d'un droit qu'on lui cede.

Que résultera-t-il de là?

Deux choses:

1°. Que la charge des autres propriétaires, relativement à l'indemnité, s'accroîtra sans que leur bénéfice augmente; car il seroit contraire à la liberté, dans le sens que lui donnent les auteurs du projet, d'aller prendre, dans le champ du voisin, un minéral qui n'appartient qu'à celui-ci.

2°. Que l'avantage de l'extraction sera perdu pour la nation.

Dira-t-on que si ce propriétaire ne veut ni exploiter la mine, ni concourir à l'indemnité, son voisin ou les autres propriétaires exploiteront dans son champ, & paieront sa part de l'indemnité?

D'abord j'ai prouvé que ce seroit une usurpation du droit de ce propriétaire, à moins d'acquérir sa propriété; & voyez alors à quel surcroît de dépense préliminaire vous condamnez les autres propriétaires; ce seroit d'ailleurs gêner la liberté du premier, que d'inventer un moyen qui le contraignît ou à faire ce qu'il ne veut pas faire, ou à consentir à ce qu'on le dépouille d'un droit qu'il n'exerce pas dans ce moment faute de faculté ou de volonté, mais qu'il peut avoir un jour le désir d'exercer.

Et pour prévenir toutes les subtilités qu'on peut hasarder, direz-vous que le propriétaire paiera toujours sa part d'indemnité, sauf à jouir de son droit quand il le jugera à propos ?

Mais prenez garde que vous accordez à ce propriétaire un droit qui lui devient à charge, & que votre bienfait sera loin d'exciter sa reconnoissance.

Direz-vous enfin qu'il ne paiera l'indemnité que lorsqu'il jouira du droit?

Mais prenez garde aussi que si vous favorisez le propriétaire, vous ruinez le concessionnaire que vous dépossédez sans justice, comme sans intérêt; prenez garde enfin que l'indemnité doit être aussi prompte que la dépossession, qu'elle doit être aussi entiere que la dépossession.

Enfin si vous permettez aux voisins de payer la part contributoire du propriétaire qui ne veut pas user de son droit, & d'exploiter la mine qui se trouve dans le champ de celui-ci, ne faites-vous pas attention que vous rétablissez les compagnies, contre lesquelles vous vous élevez avec tant d'indiscrétion & de légereté?

Sous tous ces aspects on voit donc que la nation ne tireroit aucun avantage, en accordant à chaque propriétaire le droit d'exploiter les mines.

Mais, dit-on, ce ſera donner un grand encouragement à l'agriculture.

Il faut en convenir, c'eſt le prétexte le plus ſpécieux qu'on pouvoit préſenter, & le plus propre à rallier toutes les idées vers le projet de céder l'exploitation des mines aux propriétaires de la ſuperficie.

Mais ſuffit-il de tendre à un but louable ? Ne faut-il pas prouver la poſſibilité de l'atteindre ? & comment atteindre celui qu'on indique ici, quand il eſt démontré que les propriétaires ſont dans l'impuiſſance abſolue de faire l'exploitation des mines d'une maniere utile ?

Enſuite que l'on conſidere combien ce ſyſtême renforce les preuves que j'ai multipliées de l'impolitique de ce projet. En cédant le droit d'exploiter les mines aux propriétaires de la ſuperficie, vous leur offrez ce qui ne leur appartient pas, ce qui n'a pu leur appartenir dans aucun temps, depuis la formation des ſociétés obéiſſant à de ſages inſtitutions, ce qui les ruineroit, ce que le plus grand nombre ne demande pas, enfin ce qui, dans les mains des compagnies, ainſi que je l'établirai en terminant, devient infiniment utile, chaque jour & de plus en plus, aux propriétaires mêmes des ſuperficies.

En leur cédant ce droit, vous leur offrez un appât trompeur ; s'ils s'y livrent il faut que chaque petit propriétaire conſacre la ſuperficie de ſon champ, & qu'il néglige la culture de la terre.

Eſt-ce ainſi qu'on peut encourager l'agriculture ? Vous l'anéantiſſez au contraire ; car d'un côté vous opérez la perte d'une grande ſuperficie de terrein, chaque propriétaire étant obligé de creuſer ſon puits & d'exploiter ſon

minéral

minéral ſur ſon champ; d'un autre côté, vous le détournez de ſes travaux ordinaires, pour le livrer à des ſoins étrangers à l'agriculture; enfin, comme il eſt démontré que ſes tentatives le ruineroient s'il ne l'étoit déjà par le paiement de l'indemnité due aux compagnies, vous ſoumettez tous ceux qui ſe mêleroient de ſes maigres entrepriſes, à végéter enſuite au gré de la pitié de leurs concitoyens.

Voilà, je crois, tout ce qu'on peut prévoir de l'exécution du projet; voilà, je crois, à quel but on précipiteroit les propriétaires, en leur préſentant un bienfait, un encouragement.

Abandonnons donc ces projets ſyſtématiques, & quand nous avons le bien, cherchons, ſi l'on veut, le mieux; mais avant de l'avoir trouvé, n'abandonnons pas le bien. Défions-nous de ces idées métaphyſiques de plus grand bonheur poſſible, & fideles aux leçons que nous recevons ſans ceſſe de l'expérience, craignons de nous égarer dans des routes où l'on ne voit point encore les pas de l'homme empreints.

Je vais maintenant prouver ce que j'ai avancé pour deuxieme vérité, c'eſt-à-dire, qu'en cédant ſon droit aux propriétaires de la ſuperficie, le gouvernement perdroit tout l'avantage qu'il tire des mines par l'ordre de choſes qui exiſte aujourd'hui.

Et c'eſt déjà avoir fait cette preuve, que d'avoir établi l'impoſſibilité phyſique de chaque propriétaire d'exploiter les mines indépendamment de l'indemnité qui le ruineroit, & qui d'ailleurs préſente des difficultés, pour ainſi dire, inſurmontables relativement à la répartition.

Mais ſuppoſons pour un inſtant que cette impoſſibilité

ne ſoit pas abſolue ; que les propriétaires ne trouvent que des obſtacles conſidérables à la vérité, mais non pas invincibles : que réſultera-t-il de là ? Qu'une foule de propriétaires perdra la ſuperficie de ſon terrein pour creuſer des puits & faire l'exploitation d'une veine de minéral qui trompera ſon attente.

Et voilà la premiere perte du gouvernement ; car plus il y a de fonds perdus pour l'agriculture, plus l'état s'appauvrit, puiſqu'il eſt reconnu que ce ſont les richeſſes foncieres qui forment le plus ſolide revenu d'une nation.

Cette multiplicité d'ouvertures, cette perte immenſe de terrein qu'elles occaſionnent, rien de cela n'a lieu lorſque les mines ſont exploitées par des compagnies, parce qu'elles creuſent des galeries ſouterraines d'une étendue aſſez conſidérable, qui laiſſent la ſuperficie des terres en bon état de culture.

Enſuite chaque particulier trouvant une veine enplateure ou peu profonde, ſe contentera d'en extraire le minéral ; ſatisfait d'un produit mince mais facile, il n'ira point creuſer plus avant pour fouiller une mine, moins ſûre à la vérité, mais auſſi plus productive ſi on triomphe des obſtacles qui ſemblent la ſouſtraire à nos recherches.

Deuxieme perte pour le gouvernement ; car les mines les plus profondes n'échappent point aux recherches des compagnies qui, par la réunion des facultés de tous les aſſociés qui les compoſent, ſont capables de lutter avec patience & avec ſuccès contre les obſtaces de la nature & du temps.

Cette deuxieme perte fera immenfe par elle-même, & immenfe relativement aux circonftances.

Immenfe par elle-même : car les mines font plus abondantes prefque toujours en raifon de leur profondeur; il femble que la nature travaille avec d'autant plus d'énergie, que fes opérations font plus tranquilles & plus fecretes; comme fi elle vouloit toujours mefurer fes récompenfes aux travaux de l'homme qui a le courage de ne pas fe rebuter contre les difficultés.

Immenfe relativemens aux circonftances: car remarquez que le numéraire & les befoins s'étant accrus chez toutes les nations, il leur faut à toutes réciproquement une plus grande fomme de numéraire, une plus grande quantité de productions pour contenter leurs befoins : que fi la France perdoit, par la pénurie des moyens des particuliers à qui elle auroit livré fes richeffes métalliques, elle feroit obligée de recourir aux autres nations, qui, profitant de fes befoins, lui feroient payer cher fes erreurs en politique & en adminiftration.

Je bornerai là mes réflexions à cet égard; je ne perds pas de vue que c'eft fur-tout pour l'Affemblée nationale que j'écris, & je fuis convaincu que toutes les penfées qui peuvent concourir à prouver combien il feroit impolitique au gouvernement de céder aux propriétaires de la fuperficie du terrein le droit d'exploiter les mines, n'échapperont pas à nos repréfentans; ils fentiront combien ce fyftême arracheroit de bras à la culture des terres, en préfentant cet appât aux cultivateurs; quelle immenfité de terrein feroit enlevée à l'agriculture, fi chaque propriétaire qui feroit tenté d'exploiter la mine de fon champ étoit obligé d'y creuser un puits, d'y déposer les terres qu'il en feroit sortir, d'y exposer & d'y travailler les minéraux qu'il en extrairoit; ils sentiront sur-tout combien l'impéritie & l'inexpérience occasionneroient de bévues & de pertes, soit en matieres métalliques, soit en individus qui deviendroient, en grand nombre, victimes de leurs imprudences.

Ces pertes seront présentées aux yeux de nos législateurs : ils compteront même pour beaucoup les dangers; parce qu'aux yeux de sages administrateurs les grands dangers sont de grands maux, & que dans une opération de cette importance, où les principales richesses de l'état & la vie des citoyens sont intéressées, il ne faut rien donner au hasard.

Il est donc démontré que la nation, en cédant aux propriétaires de terreins le droit d'exploiter les mines, n'y trouveroit aucun avantage; que même elle feroit de grandes pertes, soit en matieres métalliques, soit du côté de l'agriculture, & qu'enfin elle exposeroit & la fortune & la vie d'un grand nombre de citoyens.

Maintenant il ne me reste à examiner de ce que j'ai annoncé jusqu'à présent, que la seule question de savoir si la nation, en faisant exploiter les mines pour son compte, embrasseroit un parti utile à ses intérêts.

Si l'intérêt public se concilie avec ce nouveau mode d'administration, il ne faut pas balancer à l'adopter; car en matiere d'administration c'est la seule loi qu'il faille consulter; toute considération particuliere doit le céder au bien général.

Mais je ne dois pas dissimuler que dans les circonstances où nous nous trouvons, il feroit impolitique de tenter ce nouveau régime, fi fon avantage n'eft pas mathématiquement démontré.

Au premier coup-d'œil on feroit tenté de croire que le bénéfice des compagnies des mines eft confidérable ; car en général les individus qui les compofent font aifés. Ce font véritablement ces apparences qui nous arrachent ce premier jugement. Il feroit raifonnable cependant de ne pas prononcer auffi légerement, & de confidérer que les membres des différentes compagnies jouiffoient d'une fortune honnête avant d'avoir pris un intérêt dans une entreprife ; que cela eft indifpenfable pour s'affocier à une exploitation qui exige une mife de fonds très-confidérable, qui fait naître des efpérances flatteufes, mais qui ne préfente pas de moindres dangers ; qui, fi elle donne aujourd'hui un bénéfice, peut, demain, par l'effet d'une force majeure, abforber tous les fonds avancés & demander de nouveaux facrifices que l'on a vu plufieurs fois être fuivis de l'abandon de l'entreprife.

Il eft une maniere plus fûre de calculer les profits que l'exploitation des mines donne aux conceffionnaires. Le gouvernement a fixé fon droit fur les mines à un dixieme du produit net ; il n'a jamais cru pouvoir l'élever plus haut ; encore s'eft-il convaincu, par l'expérience de plufieurs fiecles, que, s'il l'exigeoit, les mines ne feroient pas exploitées, & que la nation perdroit les richeffes que la terre renferme dans fes entrailles. Cette perte eût été immenfe, & l'intérêt général a commandé au gouvernement la remife de ce dixieme.

On a vu hauffer les actions de quelques compagnies,

& l'on a cru que c'étoit un ſigne certain de la hauſſe des profits, & l'on eſt encore parti de cette nouvelle erreur, pour jalouſer les compagnies & faire déſirer de voir entrer cette branche de richeſſes dans les mains de la nation.

Mais la hauſſe des actions n'annonce qu'une choſe, c'eſt qu'à meſure que les fouilles devenoient plus difficiles, plus profondes, il falloit des fonds plus conſidérables pour les faire. Le produit augmentoit ſans que les profits fuſſent intrinſequement plus forts; ils étoient toujours en proportion des fonds avancés.

Cette ſeconde maniere de juger des avantages particuliers de l'exploitation des mines eſt donc auſſi fautive que la premiere. Il en faut donc revenir à penſer que ſi le gouvernement, qui a toujours eu les yeux ouverts ſur les richeſſes de l'état, eût apperçu, eût même ſoupçonné un bénéfice à exploiter les mines pour ſon compte, il n'eût pas continué de ſacrifier ſon dixieme.

Mais enfin il doit être certain que ſi ces entrepriſes ne ſont pas toujours heureuſes, elles ne ſont pas non plus toujours nuiſibles aux compagnies, parce qu'elles ont établi un régime infiniment ſage & ſur-tout infiniment économique: tous les travaux, toutes les opérations ſont ſurveillés par des perſonnes très-éclairées, & qui, étant intéreſſées elles-mêmes au ſuccès de l'exploitation; ne ſont jamais ou preſque jamais de groſſes imprudences; leurs pertes ne ſont jamais que les effets de cauſes imprévues, d'événemens incalculables, & contre leſquels la prudence & la force humaine ne peuvent oppoſer que des efforts hypothétiques.

Sous ce premier aspect voyons donc quel avantage pourroit résulter en faveur de la nation, si elle faisoit exploiter les mines pour son compte.

Et d'abord ne perdons pas de vue que les officiers qui surveillent l'exploitation des mines des compagnies, sont eux mêmes membres de ces compagnies, & par conséquent intéressés à ce qu'il n'y ait pas un sou de dépensé inutilement, à ce qu'il n'y ait pas un moment de la journé de perdu, à surveiller tous les ouvriers, à visiter tous leurs travaux, à instruire le comité de la compagnie de tous les événemens, afin que pendant qu'ils veillent sur les lieux à l'exécution des plans, le comité avise à donner ceux qui sont les plus sages & les plus utiles. On peut assurer enfin que tous les yeux des intéressés sont ouverts sans cesse sur la prospérité de l'entreprise.

Peut-on raisonnablement se promettre tant de soins, des soins si continus de la part des personnes que la nation chargeroit d'exploiter les mines pour son compte? N'oublions jamais que le guide le plus assidu de l'homme, c'est son intérêt personnel; l'intérêt de l'état n'est malheureusement que secondaire: tout autre langage seroit flatteur, & ne seroit pas vrai. Ainsi, malgré la renaissance de la liberté, qui va faire aimer aux françois leur patrie plus que jamais, ne pensons pas que l'ordre que la nature a fixé pour les différentes passions, pour les sentimens divers, soit totalement interverti. Ainsi, n'attendons pas que deux hommes également doués de patriotisme portent à la même entreprise le même zèle, les mêmes soins, si l'un travaille pour son compte personnel, & l'autre pour le seul intérêt de la chose publique. C'est cependant de ces soins, dirigés par l'intérêt de tous les associés, que résulte cette sage économie de l'administration des mines par les compagnies ; c'est de là que résultent leurs avantages quand ils en obtiennent ; ce sont enfin ces soins ainsi dirigés qui diminuent leurs pertes & qui font réparer celles qu'ils sont forcés d'éprouver. Encore une fois, peut-on se les promettre de la part de personnes qui ne seront pas réunies par ce double intérêt, intérêt personnel, intérêt de la chose publique ?

Enfin j'ai raisonné dans l'hypothèse que le gouvernement choisiroit des personnes dont les talens reconnus seroient unis aux vertus patriotiques, à l'amour du bien général. Mais est-ce ainsi que cela se pratique ? Interrogeons l'expérience, c'est un guide sûr. Que voyons nous ? Nous voyons que l'intrigue est le seul apanage des ambitieux ; que l'intrigue écarte toujours les talens qui sont modestes, & place aussi généralement des gens qui, sans cette ressource, n'eussent jamais percé le voile épais de leur nullité.

Aussi considérons quels ont été les résultats de toutes les entreprises faites au nom de la chose publique ?

Je suis loin de vouloir en désigner aucune ; mais je puis assurer qu'on ne les a presque jamais vu prospérer. Il n'y a pas jusqu'aux impôts qu'il ait fallu mettre en ferme.

Tout ce que la nation fait faire pour son compte se fait trop largement ; on remarque par-tout la magnificence du souverain.

Au contraire, quand une compagnie se forme, elle prend l'économie pour regle de ses opérations, non pas cette parcimonie dans les moyens, qui fait toujours languir une entreprise, mais cette sage économie qui fait qu'aucune opération n'est inutile.

Ce qui le prouve bien clairement, c'est que les fermiers généraux se sont enrichis, où le gouvernement ne faisoit que des pertes ; & cependant ils donnoient plus au gouvernement que le gouvernement n'avoit coutume de retirer des objets affermés quand il les faisoit percevoir à ses frais.

Si la vérité que j'avance est frappante, relativement aux fermes générales, combien n'acquiert-elle pas de force, appliquée à l'exploitation des mines qui exige une réunion de tant de talens, une surveillance continuelle, des sacrifices journaliers ; où la dépense est si obscure par la multiplicité des travaux & des cas fortuits qu'il serait presque impossible de s'appercevoir qu'elle est enflée ; où les objets de dépense sont si multipliés, que la plus modique infidélité, sur chaque objet, donneroit pour le total une fraude immense qui, non seulement absorberoit les bénéfices, mais ameneroit même la fonte des capitaux : à une exploitation où les fraudes sont si faciles, sur-tout dans les mines d'or & d'argent ; à une exploitation enfin dans laquelle la moindre impéritie non apperçue & pour cela répétée chaque jour, peut devenir funeste à l'entreprise au point de l'anéantir en très-peu de temps.

Je crois donc avoir démontré,

1°. Que depuis l'existence du régime social, les richesses minérales cachées dans les profondeurs de la terre n'ont jamais été une propriété inhérente à la superficie, qu'au contraire, en France, comme dans toutes les nations, elles ont été & ont toujours dû être considérées comme une propriété publique, résidant dans la main du souverain ou de la nation.

2°. Que la France, ainsi que toutes les nations, a cru devoir en confier l'exploitation à des compagnies qui, seules, pouvoient la faire d'une maniere généralement utile.

3°. Que si la nation cédoit ce droit aux propriétaires de la superficie des terreins, elle n'y trouverait aucun avantage, que même elle perdroit celui que l'exploitation faite par les compagnies lui procure, puisque les propriétaires ne pourroient jamais s'y livrer, & que leurs essais seroient ruineux, s'ils osoient en tenter quelques uns.

4°. Que cet avantage est tout aussi grand qu'il puisse être, & que jamais la nation ne pourroit s'en promettre un semblable, en faisant exploiter les mines pour son compte.

Il est dès-lors démontré que l'exploitation des mines ne doit & ne peut être confiée aux propriétaires de la superficie des terreins, & que le gouvernement feroit une tentative très onéreuse dans les circonstances présentes, & impolitique, indépendamment des circonstances qui la gouvernent.

Il ne me reste qu'à examiner quel est le droit des propriétaires de la superficie des terreins. Ce droit est fort simple : il se réduit à être l'indemnité du dommage que l'exploitation cause sur leur terrein.

Ainsi ouvre-t-on un puits dans champ, trace-t-on un chemin, dépose-t-on des terres ou des minéraux sur sa superficie ? On doit payer au propriétaire tout le terrein dont on lui enleve la jouissance : & à cet égard, les propriétaires ont un recours assuré contre les compagnies, & je suis parfaitement instruit que ces indemnités se fixent toujours à l'amiable, par estimation d'experts pris sur les lieux, qui ayant eux-mêmes des propriétés, portent les objets à la plus haute valeur, de maniere que jamais les propriétaires n'ont eu à se plaindre des arrangemens faits à ce sujet. On peut dailleurs s'en rapporter à l'esprit de justice qui anime en général les compagnies, & à l'intérêt qu'elles ont de ne jamais y déroger.

Voilà donc les propriétaires désintéressés, & rien ne prouve mieux qu'ils le sont que leur défaut de réclamation.

J'ajouterai que, loin de réclamer, ils ne peuvent s'empêcher de reconnoître tout ce que l'exploitation des mines leur porte d'avantages; la consommation en tout genre devient plus considérable, & donne à leurs denrées un prix qu'elles n'auroient pas sans cela (1). Le malheureux qui seroit privé, pendant six mois de l'année, de travail & de subsistance trouve à s'occuper dans la saison rigoureuse, & à gagner le pain dont il se nourrit lui & sa famille.

Et qu'on ne considere pas seulement ces avantages

---

(1) Avant l'exploitation des mines, sur-tout dans les provinces éloignées, les bois n'avoient presque aucune valeur, par le défaut de débouchés & de consommation; aujourd'hui ils ont quadruplé de prix, & à cet égard le gouvernement qui a, dans les provinces, des forêts très-spacieuses, trouve, par cette même consommation, des profits immenses.

comme des avantages particuliers ; ils doivent être rangés dans la claſſe de ceux qui intéreſſent la nation entiere.

Je ne dois pas omettre l'attention des compagnies conceſſionnaires à ce que les ouvriers ne manquent point aux pratiques que notre religion preſcrit.

Je rappellerai auſſi que tous les ſecours néceſſaires aux malades, leur ſont adminiſtrés aux frais des compagnies & avec une charité exemplaire ; que les ouvriers hors d'état de travailler par leur grand âge, & leurs veuves après eux, ſont aſſiſtés de petites penſions pour aider à leur ſubſiſtance & celle de leurs enfans.

Or tous ces avantages ſeroient perdus pour les malheureux, ſi l'exploitation des mines étoit livrée à l'impuiſſance & à la pénurie des moyens des propriétaires.

Je terminerai par une obſervation de la plus grande importance : ſi les propriétaires obtenoient la faculté de les exploiter, ils ne l'exerceroient pas ; nous avons vu qu'il leur ſeroit impoſſible de l'exercer ; ils ne s'en ſaiſiroient donc que pour vexer les compagnies par des prétentions arbitraires qui les décourageroient & les forceroient d'abandonner leurs entrepriſes. Et qu'on calcule combien alors l'état perdroit à cet événement ! C'eſt ſur-tout aux auteurs du projet que nous préſentons cette idée effrayante.

S'il ſe trouvoit quelques perſonnes qui, fermant les yeux à toutes ces conſidérations, penſaſſent encore qu'il peut être utile au gouvernement de dépoſſéder les compagnies, de briſer le contrat ſur la foi duquel elles ont expoſé une partie de leur fortune, je leur rappellerois un trait de l'hiſtoire de la république d'Athenes, dans un temps où, par l'énergie de ſon courage, de ſes talens, & de ſes vertus, Athenes étoit digne de ſervir de modele à une nation qui refond ſa légiſlation, ſa conſtitution, & ſes mœurs, pour les aſſeoir ſur des baſes durables.

Quelques mois après la bataille de Platée, Thémiſtocle annonce publiquement qu'il avoit formé un projet important, & dont le ſuccès ne pouvoit être aſſuré que par le ſecret le plus impénétrable; le peuple répondit, « qu'Ariſ» tide en ſoit dépoſitaire, nous nous en rapportons à lui; Thémiſtocle tira ce dernier à l'écart & lui dit: « La flotte » de nos alliés ſéjourne, ſans défiance, dans le port de Pa» gaſe; je propoſe de la brûler, & nous ſommes les maîtres » de la Grece. Athéniens, dit alors Ariſtide, rien de *ſi* » *utile que le projet de Thémiſtocle; mais rien de ſi injuſte.* » *Nous n'en voulons point*, s'écria tout d'une voix l'aſ» ſemblée ».

www.ingramcontent.com/pod-product-compliance
Ingram Content Group UK Ltd.
Pitfield, Milton Keynes, MK11 3LW, UK
UKHW020221180726
13838UKWH00005B/2131